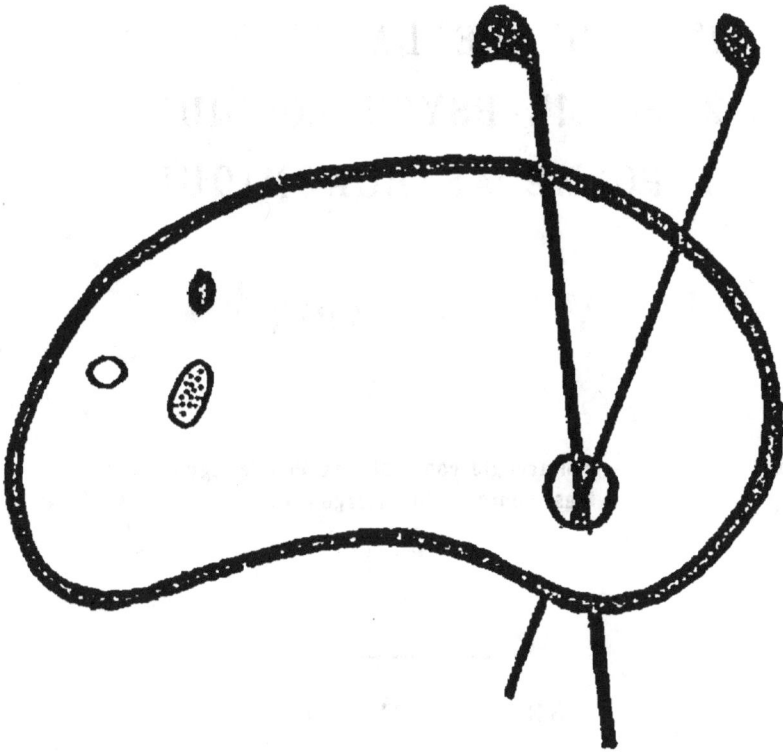

COUVERTURE SUPERIEURE ET INFERIEURE
EN COULEUR

TRILOGIE MORALE

COMPRENANT :

1° GUIDE DE LA SAGESSE
2° POÈME PSYCHOLOGIQUE
3° POÈME ASTRONOMIQUE

PAR

Augustin BABIN

Foi aveugle convient aux Peuples ignorants ;
C'est pourquoi tout clergé n'aime pas les savants.

A. B

PREMIÈRE ÉDITION

PARIS

LEON BONHOURE, ÉDITEUR

5, RUE DE FLEURUS, 5

—

1882

NOMENCLATURE
DES VOLUMES DE L'AUTEUR

VENDUS A LA

LIBRAIRIE DES SCIENCES PSYCHOLOGIQUES

5, rue Neuve-des-Petits-Champs, à Paris.

Guide du Bonheur. 1 vol. in-18 (jésus). Prix broché : 1 fr. 50 cent., port en sus, et 2 fr. 30 cent. relié; *franco*, 30 cent en plus pour chacun des deux prix.

Philosophie spirite 1 vol. in-18 (jésus). Prix broché : 1 fr. 80 cent., port en sus, et 2 fr. 65 cent., relié; *franco*, 35 cent. en plus pour chacun des deux prix.

Notions d'astronomie scientifique, psychologique et morale. Mêmes prix que le précédent.

Catéchisme universel. 1 vol. in-32. Mêmes prix que le *Guide du Bonheur.*

Encyclopédie morale. 1 vol. in-32. Mêmes prix que la *Philosophie spirite.*

Collection générale *des écrits de l'auteur.* 1 très fort volume de plus de 1,300 pages. Prix, relié avec luxe, 8 fr. 50 cent., port en sus, et 10 fr. *franco*.

OUVRAGES NOUVEAUX

DU MÊME AUTEUR

Notice biographique. Br. de 36 pag. Prix : 15 cent.

Le Guide de la sagesse. 1 vol. in-18 (jésus). Prix broché : 1 fr., port en sus.

Poème psychologique, de 1,276 vers, plus la biographie d'ALLAN KARDEC. Prix broché : 50 c., port en sus.

Poème astronomique, comprenant 2,060 vers, avec figures astronomiques, etc. Prix broché : 1 fr., port en sus.

Trilogie morale. 1 fort volume, comprenant les trois volumes précédents, plus un Avertissement et un Avant-propos. Prix broché : 2 fr. 25 cent., port en sus.

Paris — Typ Ch Unsinger, 83 rue du Bac.

TRILOGIE MORALE

TRILOGIE MORALE

COMPRENANT :

1° GUIDE DE LA SAGESSE
2° POÈME PSYCHOLOGIQUE
3° POÈME ASTRONOMIQUE

PAR

Augustin BABIN.

Foi aveugle convient aux Peuples ignorants ;
C'est pourquoi tout clergé n'aime pas les savants.

A. B.

PREMIÈRE ÉDITION

PARIS

LÉON BONHOURE, ÉDITEUR

5, RUE DE FLEURUS, 5

1882

DÉDICACE

Cette *Trilogie morale* est dédiée à notre

ANGE GARDIEN

Augustin Babin

TRILOGIE MORALE

AVERTISSEMENT

A NOS LECTEURS

Chers Lecteurs,

Le but que nous nous sommes proposé en composant cette *Trilogie morale* et que nous nous proposons en la publiant (cela, avec un désintéressement pécuniaire absolument complet), a essentiellement rapport à l'instruction *psychologique* et *morale* de notre société actuelle. Ce but sublime et on ne peut plus estimable (que tout Etre humain qui en a le temps et les moyens, devrait assurément tenter, dût-il échouer dans sa louable et toute fraternelle entreprise), s'impose moralement à toute Créature humaine *indépendante*, qui désire se rendre spirituellement et moralement utile à ses semblables. Quel plus beau but, en effet, peut se présenter à lui, que celui de participer, autant que son intelligence le lui permet, à la *régénération* de notre humanité terrestre, qui, hélas !

n'est pas sans en avoir un extrême besoin. Sans aucun doute, nous devons attribuer cet extrême besoin à nos sublimes et très importantes découvertes modernes, lesquelles rendent forcément *nulles* les erreurs scientifiques, psychologiques et religieuses des temps passés. Aussi, chers Lecteurs, devons-nous reconnaître qu'à notre époque actuelle, vouloir les maintenir quand même (ainsi que l'a *maladroitement* fait le Saint-Siége Catholique, apostolique et romain, en publiant son Syllabus annexé à son Encyclique du 8 décembre 1864), c'est tout bonnement courir au devant d'une catastrophe épouvantable, du moment que la conséquence inévitable d'un maintien semblable, ne peut que donner naissance à l'*incrédulité*, pour tout ce qui se rapporte au spirituel ; laquelle incrédulité est la plaie la plus dangereuse pour notre humanité, car on peut affirmer qu'elle est la *cause première* de tous les désordres. En effet, la *négation* du principe spirituel, la croyance au *néant* après la mort, les *idées matérialistes* enfin, hautement préconisées par des personnes influentes, s'infiltrent dans la jeunesse qui les suce pour ainsi dire avec le lait. L'*homme* (1) qui ne croit qu'au

---

(1) Le mot *homme*, en lettres italliques, comme il l'est ici, désigne l'homme et la femme, étant pris dans son sens générique. Cette observation est *générale* et *absolue* pour tous les cas semblables qui se présenteront dans tout le cours de ce volume. Même observation pour tous nos autres écrits.

présent *veut jouir à tout prix*, et, en cela, il est conséquent avec lui-même ; puisqu'il n'attend *rien* au delà de la tombe, il n'espère *rien* et, par conséquent, ne craint *rien*, ou, du moins, ne craint *uniquement* que les châtiments humains, qu'il cherche à éviter, en faisant le mal en cachette, ou bien, encore, en prenant toutes les précautions nécessaires pour se mettre à couvert devant la justice humaine, si facile à tromper et qui par trop souvent, hélas ! est tout l'opposé de ce qu'elle devrait être.

Dans ce but, il emploie constamment toutes ses facultés intellectuelles à trouver un moyen quelconque, pour pouvoir corriger (sans courir personnellement de graves inconvénients) ce qu'il regarde comme étant une *injustice du sort*, qu'il a tout intérêt à rectifier, dût la Société tout entière en souffrir.

En effet, du moment que *ceux* qui sont chargés de le guider dans la vie, l'ont convaincu qu'il n'existe *aucune* responsabilité spirituelle, et que, pour nous tous, le néant *seul* existe en dehors de cette vie, n'est-il pas rationnel et naturel en même temps, qu'il se fasse ce funeste et déplorable raisonnement : « Quoi ! moi, père de famille, absolument privé de tous les biens nécessaires à la vie matérielle, j'aurai la *stupidité*, la *lâcheté* même, de

voir souffrir ma famille et de souffrir moi-même ;
tandis qu'à côté de moi, se trouve un richard qui
se procure, ainsi qu'à tous les siens, toutes les
aises de la vie. Mais cela, pourquoi, dans quel but ?
Pour être agréable à ceux qui possèdent et parce
que la morale le veut ainsi, me dira-t-on. Mais
pourquoi ceux-là ont-ils tout, tandis que moi et les
miens nous n'avons rien ; puis ensuite, en quoi
puis-je blesser la morale, du moment que je ne fais
que *réparer* les erreurs commises par un sort
aveugle et injuste en même temps, et que (moralement) tout me prouve qu'un grand nombre d'anomalies, par trop extrêmes dans notre société, n'ont
pas leur raison d'être. On me dira peut-être encore :
si vous commettez un acte qui soit nuisible à autrui
et que vous soyez découvert, vous serez punis par
la justice humaine. Très bien ! je le reconnais parfaitement ; mais, si je ne suis pas un imbécile
(ajoutons, ici, que personne n'a la prétention de
vouloir passer pour tel), qui m'empêche d'employer
la *ruse ;* alors j'éviterai le *châtiment,* tout en pro-
fitant, moi et les miens, de mon *larcin...* »

Maintenant, hommes riches et puissants, qui
êtes chargés de la direction de notre société tout
entière, est-ce que vous ne vous apercevez pas
que vous propagez dans les masses populaires, ces
tristes et *funestes* principes, en vous disant *posi-*

tivistes ; doctrine *anti-spirituelle* et par conséquent *anti-sociale*, qui ne croit qu'à la matière.

Mais, alors, dans ce cas, quelle réponse pourriez-vous faire à un malheureux qui vous tiendrait un semblable raisonnement ?..

De plus encore, nous vous le demandons, la main sur la conscience, en toute vérité et en toute sincérité : Si vous vous trouviez dans la triste et misérable position du malheureux en question, êtes vous réellement assurés que vous resteriez quand même probes et honnêtes, dussiez-vous votre famille et vous-mêmes en éprouver les plus horribles souffrances matérielles, succomber même sous le fardeau de la misère la plus affreuse ? Hélas ! vous aussi, vous succomberiez infailliblement et (nous vous supplions de vouloir bien nous excuser notre extrême franchise) comme le malheureux en question, vous tomberiez forcément dans le crime véritable (l'assassinat), si cela devenait nécessaire. Si vous êtes réellement *positiviste*, gardez donc pour vous *seuls*, vos principes absolument *anti-spirituels* et par contre *anti-sociaux* ; car, autrement, vous pourriez fort bien en être les premières victimes, tout en *nuisant énormément* à la société tout entière...

L'*homme*, au contraire, qui croit absolument à l'*existence* d'un ÊTRE SUPRÊME, infiniment *juste* et infiniment *bon*, se dit forcément en lui-même : « Si d'aussi grandes anomalies (dont nous sommes les premières victimes, moi et les miens) existent sur notre terre, c'est parce que sans doute elles ont leur raison d'être, soit comme *expiation*, soit comme *épreuve ;* mais DIEU, notre *Père spirituel* à tous, doit sûrement les réparer un jour, en procurant à ceux qui souffrent ici-bas, en dehors de cette vie, des *jouissances spirituelles* capables de leur faire oublier, dans une joie spirituelle infinie, toutes leurs souffrances actuelles, quelque pénibles qu'elles puissent être ; dussent-elles même les priver de leur existence présente, purement *fugitive* et *passagère*. » Alors, se produit naturellement dans son esprit, cette sublime et consolante croyance : l'*existence d'une vie future, spirituelle et éternelle*, et, par suite, la *responsabilité* de tous nos actes bons et mauvais ici-bas. Dans ce cas, que lui importent ses souffrances actuelles purement momentanées, du moment que, *en place du néant*, se présente devant lui une vie spirituelle éternelle, quand il lui faudra quitter cette existence humaine ; ce qui peut arriver à chaque instant. Pour lui, souffrir ici-bas, c'est un *redoublement d'espérance* dans la vie spirituelle future qui l'attend après celle-ci. Quoi ! dans le le but de se procurer un *bien être*, dont il peut être

privé pour toujours, à chaque instant, il aurait la
stupidité de se rendre volontairement coupable
d'une *seule* mauvaise action ; du moment qu'il a
l'*intime conviction* que tout se répare en dehors
de cette existence absolument fugitive et précaire,
nous le répétons ? Allons donc, le plus grand
imbécile du monde, étant véritablement *imbu* des
sublimes principes spirituels sus-désignés, ne
voudrait certainement jamais y consentir, du
moins volontairement, et ce serait un véritable
non sens que d'admettre le contraire. En effet,
quelle est la Créature humaine (quelque peu
intelligente qu'elle soit) qui, véritablement *imbue*
de ces sublimes et éternels *principes*, pourrait
avoir la *stupidité* de consentir à faire sciemment
et volontairement une mauvaise action, quelle
qu'elle soit ; très certainement une telle stupidité
n'existe pas dans notre humanité terrestre.

Avec la croyance au *néant*, au contraire, c'est
forcément l'opposé qui doit se produire ; aussi,
l'*homme* vraiment *incrédule* agit-il comme quel-
qu'un qui *mange son capital* et *joue son va-tout.*
Mais alors, dans ce cas excessivement regrettable,
que de *désordres*, que de *misères*, que de *crimes*
ont leur *source* dans cette manière d'envisager la
vie !...

Après de telles conséquences, franchement, ne

sommes-nous pas forcés de reconnaître qu'un devoir absolu s'impose à toute Créature humaine qui désire consciencieusement le progrès. Ce devoir, quel est-il ? Naturellement, il est celui qui consiste à nous servir (autant que cela nous est possible) de tous nos moyens intellectuels petits ou grands, pour combattre avec ardeur le *faux* au bénéfice du *vrai ;* afin que l'obscurité fasse place à la lumière, autrement dit, que l'ignorance des temps passés fasse place aux sublimes vérités de notre époque actuelle ; lesquelles vérités peuvent *seules* combattre avec avantage la *funeste* incrédulité, qui (nous le répétons) est absolument *anti-sociale* et, par conséquent, ne peut que nuire énormément à notre humanité terrestre.

En prétendant que, jusqu'à ce jour, l'erreur est loin d'avoir fait place à la vérité, l'obscurité à la lumière, l'ignorance au savoir, sommes-nous nous-même dans l'erreur ? Hélas ! non, malheureusement pour notre dite humanité terrestre. En effet, quand on parcourt l'histoire des Peuples les plus célèbres de l'antiquité, lesquels ont fait les plus grands progrès dans les sciences philosophiques et morales et dans les beaux-arts ; quand on cherche à approfondir leurs usages, leurs mœurs et leurs coutumes, on est réellement étonné de l'*inutilité* de leurs efforts pour se rapprocher de

la vériré éternelle, la *seule* qui soit susceptible de
convenir à tout *peuple* tant soit peu éclairé ; la
seule, en même temps, qui tire sa vraie source de la
Loi naturelle, que le TOUT-PUISSANT a gravé
en traits *ineffaçables*, dans la conscience de toute
Créature humaine. Seulement, chose excessivement regrettable, tous les Clergés plus ou moins
officiels l'ont, par la suite, beaucoup trop détériorée
par des enseignements *faux* et *irrationnels*, et
acceptés par la plupart de leurs adeptes soit par
pure confiance, soit par *ignorance*, et par trop souvent, hélas ! par *ambition, cupidité, orgueil, hypo-
crisie ;* tous, vices affreux qui, de tout temps, ont
fait le *déshonneur* et le *malheur* de notre humanité.

Comme preuve à l'appui de ce que nous venons
de dire : nous ferons remarquer que le Catholicisme est dans l'erreur la plus complète, en
admettant une *seule* existence humaine, et puis
ensuite, en admettant encore l'*immutabilité* de ses
dogmes religieux, non seulement absolument
incompris par ses adeptes, mais encore par *ceux*
qui les enseignent ; ce qui est peu *sensé* et peu
rationnel de leur part. Le Catholicisme est d'autant plus dans l'erreur en cette circonstance,
comme en beaucoup d'autres (1), qu'il est en oppo-

_____

(1) Pour en avoir des preuves nombreuses et convaincantes, consulter notre
Catéchisme universel.

sition complète avec la manière de voir de Jésus-Christ; ce qui le rend tout-à-fait *anti-chrétien*. Au surplus, quelle confiance peut inspirer une Doctrine dont l'histoire des *chefs* (celle des papes) est celle-ci :

Depuis Simon Bar Jonas, dit Saint-Pierre, jusqu'à Pie IX, la papauté a eu 293 chefs, dits papes. 31 de ces chefs furent désignés comme étant des usurpateurs — antipapes — de la même façon que les Bourbons considéraient usurpateur Napoléon 1er et Pie IX considérait usurpateur Victor-Emmanuel. Sur les 262 papes, dits *légitimes*, on en compte 29 morts violemment, et ayant exactement le même droit au titre de *martyrs* que l'aurait eu Mazzini, s'il eût été pris et pendu par le roi Charles-Albert, après son expédition de Savoie, et Garibaldi après son débarquement à Marsala. Puis, 35 autres papes, morts aussi de morts violentes dont 18 empoisonnés, 4 assassinés et 13 de morts diverses, ainsi par exemple: Etienne VI, étranglé; Léon III et Jean XVI, mutilés; Jean X, étouffé; Luce II, lapidé; Grégoire VIII, enfermé en prison dans une cage de fer, etc., etc. Puis ensuite, 20 environ sont morts subitement à la suite de revers essuyés; 26 ont été déposés, expulsés ou exilés. Enfin, 28 papes ont appelé l'étranger en Italie, pour se faire soutenir sur leur siège. Pie IX,

par exemple, qui est mort le 7 février 1878, appela
les Autrichiens, les Espagnols, deux fois les
Français, les Napolitains de Ferdinand II, les
bandes noires de Lamoricière, les brigands de
François II, enfin les volontaires du monde catholique et même hérétique ont de tout temps formé
son armée.

Bref : 90 papes morts violemment, expulsés,
déposés, exilés ; 31 qui auraient mérité le même
sort, étant infidèles à l'institution pontificale ;
28 qui auraient subi la même, châtiment, si
l'étranger ne fût pas survenu pour les sauver. En
tout 153 papes, dits légitimes, sur 262, qui ont été
indignes. Quelle dynastie, quelle institution dans
le monde peut avoir une pareille histoire ! Et
cependant, voilà le *prince* qu'un Concile ose
déclarer *infaillible* et au-dessus de lui ; voilà l'*institution* que l'on ose élever au degré de *dogme*,
(voir hist. diploma. des Conclaves, t. IV, page 512).
Après cela, que peuvent valoir les autres dogmes ?
Voyez, examinez et *décidez* vous-mêmes, Lecteurs.

Sans doute, nous sommes malheureusement
forcé de reconnaître, que le Catholicisme conserve
en France une apparence imposante ; seulement
il la doit au front de bataille que présente son
clergé ; milice nombreuse et active, et qui ne sau-
rait manquer de l'être, là où le *sacerdoce* n'est

qu'un établissement recherché par *intérêt*, où le budget de l'Etat et celui des Communes tiennent lieu de *vocation*, où enfin, *tout sentiment de famille est absolument interdit*. La forme du sacerdoce est là encore, la *foi*, la *morale* et la *religion* n'y sont plus. En effet, si l'on vient vous dire qu'un Prédicateur catholique attire la foule et se fait écouter, examinez et vous verrez : que ce n'est pas par l'invocation d'un sentiment catholique, apostolique et romain qu'il a pu captiver son auditoire, mais bien par un sentiment purement *chrétien*. Donnez à traiter à tous les Prédicateurs catholiques les plus renommés, les chapitres de la *confession auriculaire*, du *célibat ecclésiastique*, de l'*infaillibilité de l'Église*, qui sont les pierres *angulaires* du Catholicisme, et vous verrez, dans le cas où ces Prédicateurs prêcheront cela devant une population éclairée, le dédain passer sur les lèvres et les personnes *sensées* se retirer aussitôt. L'accès que peut encore trouver le Prédicateur, prouve seulement ce que nous avons eu pour but d'établir dans notre *Catéchisme universel* : c'est que du jour où le *pur élément chrétien sera dépouillé des superfétations catholiques, la Doctrine évangélique ne rencontrera plus d'obstacle sérieux à sa propagation.*

Le Christianisme, dans son esprit le plus épuré et modifié selon nos connaissances actuelles, autre-

ment dit mis à la hauteur de la sublime et consolante *Doctrine spirite* (qui en est certainement le
complément), est la *seule* synthèse religieuses qui
puisse être avantageusement présentée de nos
jours, à la société éclairée de notre époque
actuelle.

*Un Père au ciel et une famille de frères spirituels
sur la terre ;* voilà la *pure* et *véritable* religion, avec
ses *deux principes fondamentaux ;* elle *seule* est
vraie et digne de notre xixe siècle. Quant aux
autres propositions secondaires, toutes celles qui
n'ont pas pour conséquence et pour fin, une ten-
dance active à la *sociabilité évangélique* sont
fausses, de quelque importance que l'on puisse
chercher à couvrir leurs erreurs.

Adressons-nous tous, chers Lecteurs, cette
importe question : *A quoi peut-on plus sûrement
reconnaître si une institution est bonne ou mauvaise ?* Et la raison nous répondra : *au bien et
au mal qu'elle fait aux hommes, au bonheur et
au malheur qu'elle apporte à notre humanité.*
Nous devons donc en conclure : que toute *bonne*
institution doit prendre sa *source* dans le développement et l'harmonie des *éléments religieux* suivants :

1° L'existence d'un DIEU *éternel, unique, immatériel, immuable, tout-puissant,* souverainement

juste et *bon*, Seul Créateur et Seul Dispensateur de toutes choses et notre *Père céleste* à tous (1).

2° La réelle existence également de notre *âme spirituelle* et *immortelle*, destinée à jouir de la vie spirituelle en dehors de son existence actuelle, tout en conservant naturellement sa *personnalité*.

3° La *responsabilité* de ses actes bons ou mauvais durant son incarnation, d'où résulte pour elle le bonheur ou le malheur dans la vie spirituelle qui l'attend après celle-ci ; bonheur et malheur toujours en rapport avec ses bonnes ou mauvaises actions sus-désignées.

4° La *pluralité des existences humaines*, permettant à tous les Esprits incarnés ou désincarnés d'arriver, dans un temps plus ou moins long pour chacun, au *but final* ou l'état de *pur* Esprit ; preuve absolue de la *suprême justice* et de l'*infinie bonté* de DIEU. Puis, ensuite, la *pluralité des mondes matériels* officiellement reconnue aujourd'hui. Naturellement ces *deux* pluralités sont la conséquence l'une de l'autre.

5° Enfin, en outre des peines et jouissances spi-

---

(1) Cette sublime et consolante pensée devait nous faire comprendre: que, dans notre humanité, en dehors de la *parenté matérielle*, il existe une *parenté spirituelle universelle*. D'où suit la conséquence toute naturelle de l'extrême bienveillance qui devrait exister entre tous les *hommes*, pour peu qu'ils désirent mettre leurs sentiments d'accord avec toute morale véritablement *saine* et *rationnelle*.

rituelles futures dans le monde des Esprits, les peines et les jouissances corporelles futures que nous devons subir, lorsqu'il faudra nous réincarner de nouveau sur un monde matériel ; incarnation *indispensable* pour pouvoir nous améliorer et progresser, jusqu'à ce que nous soyons arrivés à l'état de *pur* Esprit...

Quelles sont, maintenant, les Doctrines religieuses qui sont les plus aptes à propager de semblables principes? ces doctrines sont assurément la *pure* Doctrine de Jésus-Christ (1) et la *Doctrine spirite*, dont les principes généraux sont tous désignés dans le *tableau spirite* de la page suivante. Seulement, cette dernière n'ayant apparu sur notre globe terrestre que 18 siècles après Jésus-Christ, elle doit forcément être considérée comme étant le *complément* de sa sublime Doctrine. Ce que nous disons ici, a d'autant plus sa raison

_____

(1) Cette *sublime Doctrine*, dans toute sa pureté, comprend les principes suivants, tous *niés* par le Catholicisme :

1° DIEU, *Père spirituel* de tous les *hommes* sans exception, y compris Jésus-Christ, qui très souvent s'est reconnu comme étant le fils de l'homme Voir Ev. selon saint Mathieu, ch. v, v. 16 + ch vi, v. 1, 14 et 26 + ch. vii, v. 11 et 21 + ch. x, v. 32 et 33 + ch. xii, v. 32 et 40 + ch. xviii, v. 11 et 14 + etc., etc.

2° *La pluralité des existences humaines.* Voir Ev. selon saint Mathieu ch xv, v. 9 a 13 + Ev. selon saint Jean, ch. iii, v. 3 a 7.

3° *La pluralité des mondes.* Voir Ev. selon saint Jean, ch. 14, v. 2.

4° *La progresion en matières religieuses.* Voir Ev. selon saint Jean ch. xvi, v. 12, etc., etc.

TABLEAU SPIRITE

MAXIME FONDAMENTALE DU SPIRITISME
2
(Hors la charité point de salut.)

1

CRÉÉ PAR
DIEU
Esprit et Matière :

1º *Vie spiri-tuelle* (unique et sans fin);

2º *Vies maté-rielles* (transitoi-res et indétermi-nées).

3

DE
toute éternité
DIEU
Seul et unique
Créateur
et Dispensateur
de
toutes choses.

5

BUT
DE LA CRÉATION
Amélioration
et progression,
c'est-à-dire
rapprochement
vers
DIEU

7

EN
DIEU
Tous les hommes sont frères

—

L'homme est composé :

1. D'un corps maté-riel et périssable;
2. D'une âme imma-térielle et immortelle;
3. D'un périsprit, etc.

4

RÉSUMÉ
DES
PRINCIPES GÉNÉRAUX
DU
SPIRITISME

6

DIEU
est
éternel, immuable
immatériel,
unique,
tout-puissant
souverainement
JUSTE ET BON

8

DEVOIRS DIRECTS
Foi, Piété, Humilité, Reconnaissance et Amour de
DIEU

DEVOIRS INDIRECTS
Sympathie, Frater-nité, Bienveillance et Charité par Amour pour
DIEU

9

PLURALITÉ
DES MONDES
humains

—

Mondes primitifs.
— d'expiations et d'épreuves
— régénérateurs.
— supérieurs.

Mondes divins ou extra-supérieurs.

10

PLURALITÉ
DES EXISTENCES
humaines

—

Existences primitives.
— réparatrices et d'épreu-ves.
— régénératri-ces.
— supérieures.

Existences immaté-rielles et perpé-tuelles.

OBSERVATION. — Pour consulter avantageusement le présent tableau, il est indispensable de prendre connaissance de chaque case d'après son numéro d'ordre.   A. B.

d'être, que la *Doctrine spirite* est dépourvue de toute allégorie, et, de plus, repose sur des principes scientifiques au-dessus de toute contestation et qui, certainement, étaient complètement inconnus du temps de Jésus-Christ. Preuve *évidente* de la vérité que nous venons d'émettre, c'est-à-dire, que la *Doctrine spirite* doit forcément être le *complément* de la *pure* Doctrine du Christ.

Dans des questions aussi graves que celle-ci, nos bien-aimés Lecteurs comprendront que nos convictions sont profondes, et que leurs éléments sont fondés sur des observations qui ne sont pas sans valeur (1). D'autant mieux, que les dispositions sociales actuelles sont réellement pénibles et regrettables. Nous ne saurions, en effet, nous dissimuler que les tendances de plusieurs personnes haut placées, vers un *positivisme absolument anti-spirituel,* offrent le plus grand danger pour le *bonheur* et la *prospérité* de notre société actuelle; ce qui est vraiment déplorable. *Espérons, pour le bonheur et la prospérité de notre bien aimée* RÉPUBLIQUE FRANÇAISE, *que les personnes en question, finiront par comprendre l'extrême danger qu'offrirait une semblable Doctrine, si un*

---

(1) Pour en avoir la preuve convaincante, consulter notre *Catechisme universel,* 1 vol in-32, de 382 pages.

jour elle venait à être le seul guide spirituel pour les masses populaires...

Maintenant, chers Lecteurs, nous vous ferons remarquer que, dans cet écrit comme dans tous nos autres écrits, nous avons toujours considéré comme devoir absolument *obligatoire* de composer en *lettres capitales*, tous les mots désignant DIEU. Ce devoir, d'après notre humble manière de voir, est tellement *obligatoire*, que réellement nous ne comprenons pas qu'on puisse en agir autrement. En effet, une telle amélioration n'est matérielle que dans sa forme; tandis qu'elle est essentiellement spirituelle par les sentiments de *piété* et *d'humilité* qu'elle inspire infiniment plus, en frappant davantage la vue et par suite la pensée.

La lettre suivante, écrite en juin 1869 et se rapportant à notre *Trilogie Spirite*, deuxième édition, suffira grandement pour convaincre nos bien aimés Lecteurs, de l'*extrême importance* que, de tout temps, nous avons attaché à cette amélioration *indispensable*, d'après nos sentiments religieux les plus intimes.

LETTRE

CHER MONSIEUR,

C'est avec une extrème surprise que j'ai lu l'avis que vous me donnez dans votre honorée du 19 juin dernier, de cette année 1869, concernant la *forme* que je donne à mon ouvrage. D'après vous, cher monsieur et frère spirituel, c'est une singularité que d'écrire en *lettres capitales* tous les mots désignant DIEU.

Je vous avoue franchement que je ne me serais jamais attendu à une pareille observation de votre part, observation qui est complètement en désaccord avec ma manière de voir, car je vous avoue avec toute humilité que, d'après moi, c'est une des plus grandes améliorations que j'aie introduite dans mon écrit; comprenant difficilement que la forme en question ne figure pas dans tous les écrits, sans exception.

D'après cela vous devez comprendre, cher Monsieur, que ma conscience et mes sentiments les plus intimes s'opposent à tout changement à cet égard.

Quand à ce que cela peut nuire à la vente de l'ouvrage, je suis tout disposé à croire le contraire. Seulement cet inconvénient dut-il exister, plutôt que de faire un changement semblable, je préfèrerais mille fois renoncer à la deuxième édition en question ; ce qui me serait excessivement pénible, vu le but purement philanthropique que je me propose en la faisant paraître. Pour ce qui a rapport à cet autre observation que vous me faites également dans votre lettre susprécitée, prétendant que les mots désignant DIEU, écrits en lettres capitales, en attirant le regard, font souvent tort à l'idée qu'on développe ; je vous ferai observer que l'idée développée, dans ce cas, doit naturellement se rattacher plus ou moins à DIEU, et que ces distinctions, par conséquent, loin de nuire à l'idée qu'on développe, ne sont au contraire qu'avantageuses pour le développement de l'idée en question, puisqu'elle inspirent au Lecteur, un sentiment généralement en rapport avec cette même idée.

Telles sont, cher Monsieur, les réflexions que m'a inspirée votre lettre du 19 juin dernier. J'y ajouterai encore celle-ci, qui a rapport au tutoiement, lorsqu'on s'adresse à DIEU; ce que j'ai scrupuleusement évité dans le cours de mon ouvrage, et cela parce que le tutoiement, lorsqu'on s'adresse à DIEU, est un acte défectueux, en ce sens que c'est un manque de respect spirituel (vénération) et d'humilité envers DIEU. En effet, le tutoiement engendre la *familiarité*, et, certainement, je ne pense pas qu'une seule Créature humaine ou spirituelle soit susceptible de mettre en doute un seul instant, que cette conséquence ne soit pas un manque complet de vénération et d'humilité.

D'après cela, le tutoiement, dans un cas semblable, est donc une faute excessivement grave, et à DIEU *seul* appartient d'une manière absolue, l'expression *vous*, lorsqu'on s'adresse à Lui. Quant aux personnes qui prétendent que le tutoiement, dans ce cas, est une marque d'amour spirituel : nous leur répondrons que c'est également une marque d'amour spirituel d'égal à égal, puisque c'est un manque de vénération et d'humilité. En cela consiste l'énorme défectuosité du tutoiement en cette circonstance. Tandis que le mot vous, qui certainement ne nuit en rien à l'amour absolu que toute Créature humaine et spirituelle, un peu sensée, doit éprouver pour DIEU, est une marque de respect spirituel, autrement dit de vénération, et, en même temps, une marque d'humilité : deux sentiments que toute Créature quelconque, c'est-dire incarnée ou désincarnée, doit avoir gravés en elle en traits ineffaçables, toutes les fois qu'elle s'adresse à DIEU, *Seul* Créateur et *Seul* Dispensateur de toutes choses,

Que sa divine volonté soit faite ! cher Monsieur,

Votre affectionné frère spirituel,

Augustin BABIN.

Ce qui, pour nous, était un devoir *obligatoire* en 1869, l'est encore aujourd'hui, chers Lecteurs, et très certainement le sera tant que nous serons de ce monde. Que ce soit également votre manière de voir à l'avenir (si toutefois vous n'en avez pas l'habitude), nous le désirons de tout notre cœur et de toute notre âme, tellement nous lui attachons d'importance.

Votre frère spirituel, qui vous désire à tous : Santé, *prospérité* et *bonheur.*

Augustin Babin

FIN DU PRÉAMBULE.

AVANT-PROPOS

Cet avant-propos a pour but de faire connaître les trois écrits qui composent cette *Trilogie morale;* lesquels écrits sont les suivants :

1° Le *Guide de la Sagesse,* également divisé en trois parties. La *première partie* a pour but de donner des instructions morales purement humaines, comprenant tous nos devoirs *indirects,* autrement dit, tous ceux qui n'ont pas directement rapport à la DIVINITÉ. Ils se composent de *nos devoirs envers nous-mêmes, de nos devoirs envers autrui,* et, enfin, de *nos devoirs sociaux,* ces derniers se rapportant à la société tout entière et comprenant nos principaux devoirs civils; puis, ensuite, de quelques instructions sur notre Administration gouver-

nementale. — La *deuxième partie* (essentiellement consacrée à la morale purement spirituelle), nous enseigne tous nos devoirs *directs* envers DIEU, puis nous donne des renseignements
sur notre *avenir spirituel* et la *responsabilité* de
tous nos actes bons et mauvais ici-bas; des-
quels actes doit dépendre notre bonheur ou
notre malheur futurs, au sortir de cette vie
purement *momentanée*, tandis que l'autre est
éternelle. — La *troisième partie*, enfin, est tout
spécialement destinée à orner la mémoire, et
comprend une collection de *petits poèmes, d'articles divers en poésie,* de *quatrains* et de *dis-
tiques;* le tout se rapportant à DIEU et à tous nos
devoirs en général. Puis, ensuite, comprend
une nombreuse collection de *maximes* et de
proverbes, et enfin est terminé par une *conclu-
sion*, suivie *d'un tableau moral synoptique* permettant de faire chaque semaine, le relevé
général et succinct des fautes qu'on a pu com-
mettre dans le cours de ladite semaine; excel-
lent procédé pour pouvoir s'en corriger par la
suite;

2° Le *Poème psychologique*, divisé en quatre
livres et extrait de notre *Philosophie spirite.* Le

premier livre a rapport tout spécialement à DIEU et à tout ce qui compose la création ; le *deuxième* a rapport aux Esprits et tout ce qui les concerne ; le *troisième* renferme toutes les Lois *divines* ou *naturelles ;* enfin, le *quatrième livre* (intitulé : ESPÉRANCE et CONSOLATION) a rapport aux peines et jouissances terrestres, aux peines et jouissances futures ; puis vient la biographie de l'immortel *initiateur* de la Doctrine spirite, ALLAN KARDEC ;

3° Le *Poème astronomique*, extrait de nos *Notions d'astronomie scientifique, psychologique et morale*. Ce Poème comprend : un *Préambule*, un *Exorde* et puis tous les articles astronomiques traités dans l'ouvrage susdésigné ; de plus, il a essentiellement pour but de prouver l'*habitabilité* des mondes matériels, répandus à l'infini dans l'immensité sans fin. Tous les renseignements astronomiques qu'il donne sont rendus parfaitement accessibles pour tous, à l'aide d'importantes et nombreuses figures astronomiques, qui permettent de s'en rendre parfaitement compte...

Telle est, chers Lecteurs, la divison de cette

Trilogie morale. Heureux et mille fois heureux, si, sa lecture peut vous plaire, et, surtout, si elle peut vous aider à *progresser* dans la vie spirituelle, qui nous attend après celle-ci ; ce qui doit être notre plus grand désir à tous...

Nous allons maintenant, amis Lecteurs, terminer cet *Avant-propos* par les deux réflexions suivantes, se rapportant à notre style épistolaire, critiqué par quelques personnes ; lesquels personnes imitent en cela, ce fameux héros du bon La Fontaine, qui jette avec dégoût une noix magnifique, parce qu'il a trouvé que son écorce était amère.

A toutes personnes donc, susceptibles de critiquer un article philosophique et moral contenant de profondes pensées instructives et consolantes, exprimées en un style commun, trivial même, et puis s'extasiant à la lecture d'un autre article d'un style élevé, élégant et pompeux, mais ne renfermant que des pensées plus ou moins défectueuses, sous le rapport spirituel et moral, nous ferons les deux observations suivantes :

Supposons, chers Lecteurs, qu'on leur donne à choisir entre deux plats, contenant chacun des mets différents. Par exemple, supposons le premier plat, couvert de belles et magnifiques fleurs et contenant un mets d'une apparence vraiment appétissante, mais ayant un goût peu en rapport avec cette apparence et la beauté des fleurs en question, et, enfin, étant en même temps peu fortifiant ; tandis que l'autre plat, orné seulement de fleurs communes et contenant un mets d'une apparence ordinaire, se trouve également dans le même cas, autrement dit contient un aliment exquis et, de plus, très nourrissant. Quel est celui des deux plats qu'ils choisiront, Lecteurs ?...

Supposons encore que, par un rude temps d'hiver, de 15 à 20 degrés de froid, ils aient à choisir entre deux habits différents : l'un étant superbe et richement chamarré, mais n'étant qu'un véritable habit d'été ; tandis que l'autre, d'un aspect ordinaire (voire même très ordinaire), est très chaud et grandement capable de les garantir du grand froid sus-désigné.

En supposant qu'ils n'aient que cela pour se couvrir, quel est encore, amis Lecteurs, celui des deux qu'ils choisiront, si toutefois ils ne sont dépourvus de tout bon sens ?...

Maintenant, critiques sévères et peu judicieux, *voyez*, *examinez* et *jugez* vous-mêmes, quel est le choix que vous devez faire, dans les deux observations précédentes. Car, quelle que soit votre intelligence, il n'est nullement nécessaire d'être un phénix pour pouvoir judicieusement les apprécier.

Votre très dévoué,

A. B.

DÉDICACE

Ce Guide de la Sagesse est dédié
au Conseil Supérieur de l'Instruction publique

Augustin BABIN

———————

LE

GUIDE DE LA SAGESSE

www.ingramcontent.com/pod-product-compliance
Lightning Source LLC
Chambersburg PA
CBHW060748280326
41934CB00010B/2402